경계를 걷다

이미지북 시조집선
002

경계를 걷다
ⓒ 이한성, 2024

1판 1쇄 인쇄 | 2024년 09월 10일
1판 1쇄 발행 | 2024년 09월 20일

지 은 이 | 이한성
펴 낸 이 | 이영희
펴 낸 곳 | 이미지북
출판등록 | 제324-2016-000030호(1999. 4. 10)
주   소 | 서울특별시 강동구 양재대로122가길 6, 202호
대표전화 | 02-483-7025, 팩시밀리 : 02-483-3213
e-mail | ibook99@naver.com

ISBN 978-89-89224-71-6   03810

* 잘못 만들어진 책은 구입한 곳에서 바꾸어 드립니다.
* 저작권법 보호를 받는 저작물이므로 무단 전재와 복제를 금합니다.
* 이 책은 광주광역시 광주문화재단
  지역문화예술육성지원 사업으로 지원받아 발간되었습니다.

이미지북 시조집선 002

경계를 걷다

이한성 시조집

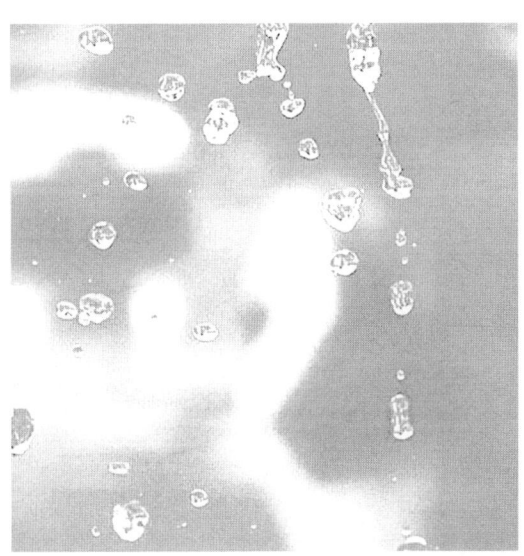

이미지북

시인의 말

한 동네를 병풍처럼 두른 대숲 아래

육간 겹집 와가에서 어린 시절을 보냈다

지금도 그 인연으로 대숲을 좋아한다.

등단, 쉰둘 해 여름
이한성

| 차 례 |

시인의 말_ 5

제1부 | 지문이 없다

■

판재, 서각 속에	12
경계를 걷다	13
응시	14
똥밭	15
쥐젖	16
지문이 없다	17
한눈에 반하다	18
아프리카에는 숨바꼭질이 없다	19
우리 집에는 새끼 낙타가 살고 있다	20
선을 넘다	21
시의 감옥	22
무료한 날의 풍경	23
물의 눈	24
신가동, 재계발	25
상에 관하여	26

경 계 를   걷 다

제2부 | 여자만 여자

■

어머니의 말씀	28
어머니의 칼	29
어산리 대숲	30
나눔	31
포행	32
여자만 여자	33
그냥, 좋다	34
먹감나무 반닫이	35
일곱 살 때 기억	36
추억 소환·1	37
추억 소환·2	38
추억 소환·3	39
추억 소환·4	40
추억 소환·5	41
봄맞이, 2024년	42

제3부 | 몸이 먼저 안다

■

고향 가는 길	44
멍	45
불면증	46
몸이 먼저 안다	47
돌에 물을 치다	48
돌의 자리	49
돌에 핀 꽃	50
포트홀	51
겨울 삽화	52
열섬	53
총선 유감	54
수박과 개딸	56
꽝이다	57
가끔씩, 나도 가끔 실성하고 싶다	58

제4부 | 달빛, 무월리

■

삼지내 돌담길	64
달빛, 무월리	65
느티나무 학교	66
죽화경의 정원북	67
소쇄원에 들다	68
명옥헌에 발을 들여 놓다	70
오층석탑 초록에 들다	71
관어정 풍경	72
독수정원림	73
취가정 오르는 길	74
식영정 단풍을 맞다	75
부용당 연지에 빠지다	76
몽한각에 눌러 앉다	77
추월산 와불	78

제5부 | 추월산, 버섯을 품다

서시	80
송이버섯	81
능이버섯	82
싸리버섯	83
느타리버섯	84
말굽버섯	85
상황버섯	86
영지버섯	87
꽃버섯	88
동충하초	89
민자주방망이버섯	90
운지버섯	91
달걀버섯	92
독우산광대버섯	93
알광대버섯	94
노랑꼭지외대버섯	95

해설

이재창 l 그리운 어머니 또는 노블레스 오블리주	98
오종문 l 담양 다르게 보기, 역사와 삶을 읽다	115

제 1 부

지문이 없다

판재, 서각 속에

작품 속에 이야기 몇 줄을 묻어 놓듯
종일 내 파고 뜨고 찍어내던 나무판에
남들을 물고 뜯던 놈, 그 화상을 묻었다

경계를 걷다

비가 내리는 경계를 걸어 본 적이 있다
한쪽 어깨는 젖고 한 어깨는 더 뽀송한
한기가 각을 세운 날, 머릿속은 뜨거웠다

달빛이 낮게 내려 발목을 감을 때
바람은 살랑 불어 속옷을 더듬었다
사랑의 경계를 풀기에 더없이 좋은 밤

길게 눕던 그림자가 일어나지 않는다
축축한 땅바닥에 맨몸을 뒤집을 뿐
가을이 몸을 바꾼다, 아무 일도 없는 듯

응시

깎아 친 시멘트벽 그림 한 폭 걸렸다
푸르름이 암갈색으로 몸을 바꾸는 계절
해거름 바람이 일자, 붉은 노을 흥건했다

싸락눈 내리는 날 다시 찾은 광천교 밑
지워진 액자 속에 심줄석* 저 암각화
이어진 선의 흐름이 피가 돌아 선명했다

짧은 생 악착같이 기어오르는 담쟁이가
남기고 싶은 무슨 말이 있을 것만 같아서
한동안 못 박혀 서서 화폭 속을 응시했다

*수석의 한 종류인 문양석, 돌 위에 이질석이 사람의 심줄처럼 돌출되어 있어 붙여진 이름.

똥밭

모 이사를 앞세워 흔드는 것을 알면서
쉬 떠나지 못한 것은 애증 때문이었다
교사의 채용 문제로 똥통 속에 빠진 자

사당화 죄목 씌워 등짝을 떠밀었다
힘없는 교사들을 구명했을 뿐인데
은혜를 웬수로 갚은 무지한 자 횡포여

돌아설 때 뒷모습이 고와야 한다는데
등짝에 눈총 맞고 피 흘리는 꼴이라니
한동안 집사로 살던 그곳*이 똥밭이었다

*한때 광주 소재 모학원 이사로 었었다.

쥐젖

새끼 쥐젖 서너 점이 눈 밑에 자리 잡다
언뜻 보면 눈속임에 넘어갈 듯하지만
손가락 무딘 지문은 수시로 와 더듬는다

검버섯도 꽃으로 여기며 사는 나이
파내면 무얼 하나 지난 세월 흔적을
가끔씩 흐르는 눈물 받아먹고 자라는

지문이 없다

나를 보고 읽지 못한 바보 같은 지문인식기
목이 긴 황새 부리 돌자갈이 물고 있듯
뭉툭한 엄지손가락 밀어 넣었다, 지긋이

지문이 지워진 건 서각 작업 때문인데
주민센터 여직원은 얼굴 한 번 쳐다보고
또 다시 지문인식기를 내 쪽으로 밀었다

죽물竹物의 장인처럼 죽은 대 숨 돌리기
흩어진 눈 끝 모아 묵죽을 새겨 넣던
창칼의 푸른 정점이 방울뱀 꼬리처럼 떨었다

한눈에 반하다

그냥, 보기만 해도 눈에 들어 가득 찬
아내가 반색하며 싸늘하게 말했다
이것은 사기 결혼이에요
이미, 나는 고백했는데

어릴 적 돌멩이가 한쪽 눈을 훔쳐간 뒤
껌벅여도 감기지 않는 눈을 얼어 사는데
아내는 새삼스럽게 벼랑길로 내몰았다

한 눈으로 바라본 세상은 아름답다
감사하며 사는 인생 모든 것이 소중한데
아내는 겉모습만을 사랑했던 모양이다

아프리카에는 숨바꼭질이 없다

아프리카 대륙에는 숨바꼭질 놀이가 없다
하얗게 밤을 새운 술래가 돌로 굳어
동구 밖 돌하르방처럼 왕방울의 눈을 뜨고…

한낮에도 어두움이 뿌리 내린 죽음의 땅
헛배 부른 아이들이 휴지처럼 내버려진
흙모래 골고다 언덕 바람 소리 사나운

우리 집에는 새끼 낙타가 살고 있다

밥상이 들어오면 저도 한자리 차고앉아
젓가락질하는 손을 번갈아 쳐다본다
입속의 가득한 침을 엿가락처럼 늘이며

간절한 놈의 눈빛에 오늘도 낚인 아내
매번 물을 먹은 종이처럼 무너져서
흰 밥풀 한 알이라도 입속에 적선한다

17년 살다 보니 허리가 굽어 있다
가족들을 돌려 보며 짠한 눈빛 건네는
우리 집 진갈색 푸들 헤어짐이 두렵다

선을 넘다

입에서 나온 소리가 다 말은 아니지
술기운에 온갖 험담 퍼부어 놓고 나서
다음 날 새벽 용서하라는
폰 문자, 술내 술술 나는

직함이 벼슬인 양 교감이라 부르라는
선을 넘은 친구는 이미 친구가 아니지
청보리 모가지같이 익어도 고개를 든

"암, 그만하면 출세했지, 양성소 출신치고"
입담이 건 친구 한 놈 게거품 물었다
"그 자석 술을 먹어도 똥구멍으로 처먹나벼"

*초등학교 전직 교감이 사업하는 초등학교 동창 친구에게 정색하고 교감으로 부르라고 한 적이 있었다.

시의 감옥

먼동이 틀 무렵 칼잠 자던 시집들이
습관처럼 꼿꼿이 일렬로 일어서서
언제나 갇힘 속에서 점호를 받는다

남편의 눈길조차 받지 못한 본처처럼
해묵은 시편들이 좀 슬듯 삭아내려
꽉 막힌 유리벽 넘어 나갈 수도 없느니

무너진 집들이 순식간에 무덤이 되듯
한 질 높이 감옥이 흙담처럼 무너져도
먼지 속 마른 먹물이 번지지는 않는다

무료한 날의 풍경

술에 먹힌 한 사내가 취기를 끌며 가다
자라다 만 목을 빼고 똥물까지 다 비운다
익숙한 공중화장실 전봇대 밑, 어둑한

먹을 때는 좋던 것이 가끔은 독이 되지
능이버섯 자갈색 갓 물을 먹어 퍼지듯
사내의 몸뚱어리가 풍경 속의 빨래 같다

물의 눈

엘피판처럼, 어지럽게 수챗구멍이 돌고 있다
심술궂은 태풍만 눈이 있는 게 아니다
이 세상 모든 것들은 눈을 다 가지고 있다

고여 있는 물을 흐르는 물이 밀고 간다
아무렇지 않은 듯 흔적만 남겨 두고
물가를 맴돌던 물새 눈자위가 참 희다

신가동, 재개발

사람이 떠난 자리 한 짝 철문 썩고 있다
소멸된 공간에 남아 던지는 개의 질문
마당가 해바라기꽃 이 빠진 채 굽어 있다

눈도 못 뜬 꼬물이들 어디서 물어왔을까
제 새끼가 이뻐서 죽겠다는 듯 핥아대는
삽살개 붉은 혓바닥 침이 고여 찰지다

상에 관하여

언제부턴가 문단 판세 묘하게 돌아갔느니

아랫돌 빼 윗돌에 올리듯 제 놈끼리 돌려가며 나누어 먹다가 눈총 맞고 체할 것 같으면 은근슬쩍 구색 맞추기로 제 놈들이 마음대로 불알 주무르듯 할 놈만 골라내 아가리에 재갈 물리듯, 번쩍이는 금화 몇 닢 물려 놓고 상전이 노비에게 자선을 베풀듯 거드름을 피우는 꼴을 보면 그냥 화다닥 손가락 총이라도 놓고 싶다

똥으로
쳐 죽일 놈들
에라, 벽에 환을 쳐라

함량 미달 작품도 수상작이 되는 판에
감히, 뉘 작품에다 잣대를 들이대나
자꾸만 귀가 가렵다, 중이염도 없는데…

제 2 부

여자만 여자

어머니의 말씀
―동냥젖

공갈 젖꼭지 물린다, 칭얼대는 아이에게
속임수 쓰는 것이 왠지 가슴이 저려 와서
풍뎅이 목을 비틀듯 아픈 시늉을 한다

어릴 적 동냥젖을 얻어먹던 병철 아재
빈속에 술만 들면 한 마을을 뒤엎었다
지난날 아픈 기억이 새롭게 싹트는지

너무 저 놈 탓만 마러 똘것*으로 크다 본께
위아래도 몰라보고 그냥 한풀이 한 거여
그 누가 제 새끼 안듯 가슴으로 품어 봤남

*'돌연변이'의 방언.
**이 작품은 사설시조로 발표했던 것을 연시조로 개작.

어머니의 칼

얼마나 갈아대면 국궁처럼 휘였을까
식칼이 회칼이 되어 주방을 지키는 곳
네모난 도마가 움푹하다, 물 고임 경석磬石처럼

새벽 잠 잘게 써는 은빛 도마질 소리
가마솥 디포리는 푹 고아지고 있을까
모내기 새참으로 낼 어머니표 잔치국수

하고 많은 물건 중에 식칼로 태어나서
제 한몸 불태우는 어머니 희생 같다
허리 뚝 부러지는 날 앞마당에 묻고 싶은

어산리 대숲

1
산달이 가까워지면 아랫배 트는 산모처럼
대나무도 장마철엔 물배 불러 터진다는
어머니 우스갯소리가 마냥, 그리워지는 밤

2
피 나게 살 비비는 댓잎소리 수상하다
사그락, 사, 사그락 한 음보 높은 소리
어둠이 묽어질 무렵 비가 든다, 후두둑

텃새는 떼로 모여 묵은 댓살 쪼아 대다
구舊 죽의 잎을 물고 넘어와 새집 짓고
간밤이 흘린 바람은 어지럽게 뒹굴고…

나눔
—어머니

가끔씩 끼니때마다 옆집 아줌마가 찾아오면
놋쇠 그릇에 흰밥을 고봉으로 내놓던
어머니 나눔의 정을 노상 보고 자랐다

필시 웃어른들의 눈 밖에 날 행위지만
이 넉넉함도 이들에게서 나온 것이라며
어머닌 내 손을 잡고 두 손으로 모았다

포행[*]
−어머니

어머니가 부용산 산사를 다녀올 적마다
치맛단의 실올이 삐져나와 있었다
청미래 약찬 가시가 물어뜯는 흔적 같은

살아 생전 한 번도 여쭤보지 않았지만
방선[**]하여 절 주위를 돌았음을 알았다
어머니 묵언 정성에 항상 나는 무탈했다

[*]布行: 잠시 방선을 하여 사찰 뜰을 걷거나 주위 산을 천천히 걷는 일.
[**]좌선을 하거나 불경을 읽는 시간이 다 되어 쉼.

여자만* 여자

성자처럼 개펄에 고개 숙인 여인들이
골진 참꼬막과 키조개를 건져 낸다
캄캄한 슬픈 손으로 한기마저 밀어 내며…

바다 한끝 붉게 트여 밀물이 들기까지
미끄러지듯 흐르는 송판 널배 무릎 타고
여자만 갯골을 돌아 포구에 안긴 여자

*汝自灣: 전남 여수시 화정면 여자도를 중심으로 보성군·순천시·여수시·고흥군으로 둘러싸여 있는 내해.

그냥, 좋다

그 아이가 웃는 모습이 날것 그대로다
보기만 해도 가슴이 설래어 그냥 좋다
새물내 차고 오르는
이른 아침 은어처럼

먹감나무 반닫이

눈은 다 같은 줄 알았는데 아니더라

장모님이 쓰다 남긴 먹감나무 반닫지

차디찬 방 윗목에서 아내를 기다리던

일곱 살 때 기억

계란을 한 바구니에 다 담지 않듯

돈은 주머니에 나누어 숨기라고

어머닌 일러주었다, 일곱 살 때 이야기

추억 소환·1
—냉막걸리

동지섣달 열여드레 펑펑 눈 오시는 날
방어 없는 발길질에 까무러친 외짝 대문
한밤중 하숙생들이 알전구의 눈을 떴다

이름 대면 금방 알 해남 물감자* 시인
뜬금없이 찾아와서 들이미는 냉막걸리
꽃자주 플라스틱 세숫대야
검은 때가 띠를 두른

*김준태 시인. 2000년대 무렵까지 남도에서는 고구마를 감자로, 감자는 하지감자라고 불렀다.

추억 소환·2
―닭서리

 소피통에 짚단 한 뭇 거꾸로 박은 다음

 지게 작대기를 비스듬히 꽂아 놓고 구정물통의 바가지를 슬쩍해서 그 위에 올려 놓았다 퍼런 달빛에 비친 창문의 그림자는 영락없이 몽둥이를 둘러맨 산적 행색이라, 문밖으로 나서면 그냥 때려죽인다는 일종의 엄포 같은… 겁에 질린 집주인이 죄 없이 부들부들 떠는 밤

 마루 밑 한 쪽 귀로 몰린 닭들은 자지러지듯 앓았다

추억 소환·3
—남광주역

남광주시장에 가면 옛 생각에 새롭다
미끈하게 쭉 뻗은 긴 레일은 없어도
그때의 기적소리가 아직도 들리는 듯

새벽안개 짙게 내린 뜯긴 역사 가장자리
남해 바다 쪽빛 한쪽 업어 온 쥐노래미*
화들짝 물벼락 친다,
옷이 흠뻑 젖었다

*우리나라 전 해역에 사는 흔한 물고기.

추억 소환·4
―제자, 최철우

덩치도 쥐밤 만한 놈이 툭 하면 골질이었다
수틀리면 오랫동안 구겨져 있어
말없이 지켜본 흰 벽도 그저 민망할 뿐

셈이 빠른 최 군은 눈치가 백단이었다
일단, 장계가 나오면 알랑방귀 끼지만
아니다, 싶으면 그냥 내리치는 칼날이었다

하나를 취하면 둘을 내주어야 하는데도
곰배 같이 곱은 손을 도통 풀 줄 몰랐다
아무리 들쑤셔봐도 귓구멍은 벽창호

추억 소환·5
—교사, 젠 포올스*

감염병**이 휩쓰는 먼 나라 잉글랜드
끼니를 걱정하는 제자들을 위하여
이십 리 배낭을 지고 도시락을 배달한

종이 팩을 놓아두고 서너 발짝 물러서면
방문한 집 문마다 감사 글귀 붙여 놓고
창문에 기댄 아이들 손인사를 건네는

하나씩 짐이 줄 때 보람이 더 커진다는
젠 포올스 선생님 부모의 마음으로
문 앞에 숙제 배달도 벨소리와 놓고 가는

* 영국 링컨셔주 그림즈비에 있는 웨스턴 초등학교 교사.
** 코로나19.

봄맞이, 2024년

퍼어런 물 밑에서 버드나무 잎 틔운다
포르르, 새 한 마리 빈 하늘로 오르면
물 낯짝 뒤틀리는 소리 사각의 유리판 같은

움츠린 자라목을 밖으로 뽑아 놓고
흐르는 손금에 물소리를 밀어낸다
긴 겨울 속을 비우는 청개구리 울음 같은

몰아친 흰 바람도 힘이 빠져 시들하다
깨어난 파충류들 몸 말리는 양지쪽에
쑤욱 쑥 뽑아 올리는 민중의 풀 싱그럽다

제 3 부

몸이 먼저 안다

고향 가는 길

바른생활 책 표지처럼 어깨동무 하고 가는
또래 아이 두 명을 바라보고 웃다가
책보를 허리에 묶던 내 모습을 보았다

아직도 굽은 길이 남아 있어 행복했다
풀잎끼리 묶어 놓은 덫에 걸려 넘어지던
아홉 살 여자아이가 목 놓아 울던 그 길

멍

나를 살린다는 약이 멍으로 살아났다
물기 마른 팔의 안쪽 푸르게 피어나는
명의도 설명치 못한 오, 번짐의 미학이여

구차한 목숨과 싸우는 식후 삼십 분
마른 입술 떨림에 살 비빈 약봉지 소리
벽시계 분침도 덜컥 가쁜숨을 몰아쉰다

* 평시조로 발표했던 작품을 연시조로 개작.

불면증

가끔씩 불길 번지듯 징소리 요란하다
제대로 득음을 할 때까지 두들겨 맞는
안과 밖 멍이 든 자리 갇힌 밤이 두렵다

새벽녘 홍시 빛이 묽어지는 하늘 아래
먹물을 뒤집어쓴 나무들이 일렬로 서서
긴 밤을 배웅을 한다, 어제의 역광 사이

몸이 먼저 안다

떠날 때가 가까우니 몸이 먼저 안다
배를 깔고 잔발로 걸어가는 개미처럼
발끝이 땅을 물고 있다 마음만 바쁘다

찬바람이 나지 않아도 발목이 씨끈하다
고장난 오토바이 걸리다 만 시동같이
돌 지난 손주를 닮아 서다 걷다 넘어진

돌에 물을 치다

수매미 떼로 울어 피 말리는 여름 한낮

돌에 물을 치면 씻기는 것은 내 마음

금모래 사기 수반에
꽃대 없는 꽃이 핀다

돌의 자리

돌도 사람처럼 빛나는 자리가 있다

우두커니, 진열장에 갇혀 있는 돌이 아닌

귀태가 자르르 흐른
수반 위의 오석烏石 같은

돌에 핀 꽃

멀리 진주에서 보내온 수석 한 점
선비상에 앉혀 두고 기름치고 만졌더니
희미한 개양귀비가 활짝 피어 올랐다

문득 영상에서 본 경호강 감성 한 컷
메마른 가슴을 뜨겁게 뎁혀 주는
가을의 끝자락에서 나도 돌로 앉고 싶다

*진주에 계신 이상규 사장님이 경호강 산지의 수석들을 많이 보내 왔다.

포트홀[*]

납작하게 엎드려 먹이 노리는 악어 같다
달리는 차량들의 앞바퀴를 물어뜯는
아가리 쭈욱 찢어진,
쑥물 가득 넘친다

눈 뜨고도 무엇에 씌인 듯 빨려든다
덜컹대는 소리에 왈칵 쏠린 관성법칙
외줄 탄 어름사니[**]처럼
혼을 쏘옥 뽑는다

[*]도로에 움푹 패인 구덩이.
[**]남사당패 최고 줄꾼 권원태.

겨울 삽화

목이 쉰 바람 소리 연유를 묻고 싶다
소원 담은 가오리연鳶 하늘 잇는 연실같이
빈 들녘
가로지르는
강물이 팽팽하다

무시로 서릿발이 갑옷처럼 덮는 동안
동면에 들지 못한 푸른 띠 저 맥문동
허리를
세우다 말고
제풀에 꺾여 있다

빗금 치는 함박눈 흰 발자국 또 포갠다
생솔가지 부러진 소리 그날의 총성같이
겹쳐진
산의 가슴을
관통하고 있구나

열섬

물 안에 등대* 있듯 도심 속에 섬이 있다
탈수 든 바람처럼 주저앉은 한여름
뜨거운 열기가 엉켜 섬 하나를 만들었다

이기가 발달하면 때로는 고달프다
내일 없는 민족처럼 매연 토한 차량하며
에어컨 실외기들이 헉헉대며 미쳐 도는

도로도 어질어질 아지랑이 토해 낸다
윤삼월 참꽃 피는 봄날도 아니건만
시루 속 콩나물같이 열섬으로 잠긴 도시

---

*나주시 영산포 소재.

총선 유감

진보와 보수의 싸움은 명분이 없다
사람만 바뀐다고 혁신은 아닐진대
비전도
대안도 없다
바보들의 전쟁놀이

꼬리가 몸통을 뒤흔드는 선거판에
각오는 새로워도 실천은 어려운 것
법 취지
무색한 꼼수
국민들은 다 안다

당선은 위임장일 뿐
상장은 아닌데

과거의 정리도
반성도 하나 없다

어긋난
국민의 구애
차 떠난 뒤 손 흔들기

패배는 싫어도 민주주의는 흔들지 마라
사전 선거 조작설에 칼춤 추는 망나니야
더 이상
나대지 마라
멀미난다, 어찔어찔

수박과 개딸

TV를 켜면 조어와 은어가 난무한다
우리 글이 떼국놈, 왜놈 것도 아닌데
정치판 영감 나리들 유식함이 도 넘다

겉과 속이 다르면 뒤집으면 될 일이다
개딸은 개딸기의 방언인 줄 알았는데
아뿔싸, 반목의 세상 풀풀 나는 구린내

짱이다
—22대 총선(2024.04.10)에 붙여

지놈이 광光인줄 알고 뛰어든 속내 보소
미친 듯 불을 보고 날아든 저 불나비
정치판 늪에 빠지면 저렇게도 미친갑다

어제의 동지가 적이 되어 만날 줄이야
당 대표 하던 자가 등을 돌린 꼴을 보면
온몸이 그냥 부들부들 사시나무처럼 떨린다

광주가 어디라고 엉덩이를 들이미나
뻔뻔함이 도를 넘어 꼭지가 빙글 돈다
두 눈을 감추기도 아깝다,
그저 꼭 감는다

"마지막 불씨"를 살려 달라는 그 말에
"꺼진 불도 다시 보자" 맞받아 치는 시민들
돌아선 민심의 흐름
흰 겨울 강바닥이었다

가끔씩, 나도 실성하고 싶다

1

세상에서 가장 마음이 편한 자가 누굴까

군인이지, 외줄 타고 오르기가 힘들어서 그라제 서슬 퍼런 별을 따서 어깻죽지에 턱 올려놓기만 허믄 창평 엿가락 맹키로 신세 쭉 늘어진 뱁이여 그건 그렇다 치더라도 졸병 놈 사고라도 치는 날엔 그 책임 누가 다 지누 어디 그것 뿐이것서 평일날도 발목뎅이 묶여 지 돈 내고 지 맘대로 술 한 잔도 못 처묵어 걷는 모양새가 갈 지之 자로 삐딱허면 입방아에 오르내리다가 재수 더럽게 옴이 붙은 날엔 윗선에서 불러들여

닥나무 껍질 베끼 듯 홀라당 옷을 벗긴단 말이어

2

그러믄 누구냥께 가장 마음이 편한 자

나라님이지, 누구 것서 아이고 말도 마소 세월혼가 내월호처럼 큰 사고 뻥 터진 날엔 국민 여러

분 죄송헙니다 다시는 이런 일 없도록 맹글겠습니다 허다가 술 먹은 남생이 모냥 자라다 만 모가지 축 늘어뜨려, 영 제 모습이 아니더라고
 어디서 할 짓이 없어 국민에게 억지 사과질이여

3
세상에서 가장 마음이 편한 놈이 누구일까
 신수가 훤한 국회의원 나리라고 다 그런 건 아니지만, 재벌들 기름진 배때기에 푸리스틱 빨대 팍 박고 허겁지겁 피 빨아 묵다가 훌치기 낚시에 걸린 멍청한 월남 떡붕에 맹키로 질질 끌려와서,
 희번득, 개 팔찌 끼고 법정에 허세비*로 설라고

4
아니지, 아니어 멀숙한 장차관이어
 개 풀 뜯어 먹는 소리 작작하랑께 청문횐가 홍문횐가 안 봤나벼, 배때기가 오강 꼭지모냥 툭 불거

진 국회의원들 벤또^{**} 될라고 쭉 찢어진 아가리에서 쏟은 그 호통 어찌 다 감당할 것이여 귓구멍도 물먹은 창호지면서 아서, 아서, 오매 기죽어 못 살어 천 원짜리 종이돈처럼 구겨진 자존심을 어느 세탁소 앉은뱅이 무쇠 대리미로 반들반들 대릴 거냐고
  아이쿠 남사스러워 지명대로 못살지, 암

5
세상에서 가장 마음이 편한 자가 누굴까
이마빡에 개기름 번들거린 재벌놈들이지, 첩년이 첩년 꼴 못 보듯 도적놈이 좀도둑들 설친 꼴을 못 봐, 높다나 높은 담장에 거미줄 치듯 전깃줄을 쳐 놓고 섹콤인가 달콤이에 그것도 모자라 잠자리 홑눈 같은 CCTV 거정 24시간 멀미나게 빙빙 돌리며 염병 발광 댄스를 허는디 그것이 속편하게 잠 퍼질러 자고 따끈따끈한 아랫목에 등짝 지지고 사는 거냐고, 뽕짝 노랫말처럼 창살 없는 간방살이

제 어째 돈 많은 재벌이 상팔자여 그런 소리 하덜
덜 마러부러 팔자하면 여덟 팔자 걱정 팔자 붙들어
맨 미친놈 팔자가 상팔자랑께, 회개장터 조용냄이
화토 그림으로 칠 것 같으면 장땡을 꽉 눌러 죽이는
삼팔광땡이제
  그랑께 실성한 놈이 세상에서 가장 마음 편한 겨

6
세상에서 가장 마음이 편한 자는 '미친 놈'이다
정신줄 놓고 살아도 실성 끼는 남아 있어
십이월 마지막 날 밤 와가 사당 훨훨 태운

*허수아비.
**도시락.

제 4 부
달빛, 무월리

삼지내 돌담길[*]

시간이 멈추는 듯한 마을 어귀, 안내도
달팽이가 말 건넨다, 싸목싸목 가시라고
구겨진 길을 따라 흐르는
도랑물 소리 환하다

담쟁이 붉은 넝쿨 주렴처럼 걸려 있는
돌담과 돌담 사이 아궁이가 이쁜 옛집…
사람을
품은 몸짓으로
골목길이 정겹다

---

[*]2007년 12월 1일, 슬로시티로 지정됨.

달빛, 무월리

철부지 영산홍이 화들짝 피어났다

노을이 고운 저녁
바람 끝 고개 숙인

무월리
달빛 내린다
속삭이 듯 사각사각

지붕에 얹은 토우 용마루로 기어간다
발묵처럼 어두움이 풀어지는 새벽녘에
한 마을 별빛 내린다
깨알처럼 쏟아진다

느티나무* 학교

연두색이 진초록을
몸 밖으로 밀어낼 때

땀에 절은 아이들을
가슴으로 품고 있는

한재초**
나무는 노래하고
석불은 염불하고…

*천연기념물 제284호. 교정 서쪽 아름드리 느티나무 아래 석불
 이 있다.
**한재초등학교.

죽화경의 정원북

대나무 울을 타고
찔레장미 흐드러졌다

수련이 제 그림자를
몸으로 덮은
한낮

직립한
데이지꽃이
정원북을 읽고 있다

소쇄원에 들다

1
산그늘을 되작이자 송홧가루 날아든다
곧게 뻗은 푸른 장죽
막힌 숨을 길게 트고
물풀도
곱게 쓸리는
광주호 그 언저리

정자 한 채 덤으로 그려놓은 그림 한 폭
물을 품은 애기단풍
포옹하듯 돌을 안고
솔방울
구르는 소리
산그늘을 업고 간다

2
오곡문 담장 아래

돌을 괴어 높이 올린
다섯 번 굽이 돌아
흘러내린 물의 길
발 씻던
바람이 돌아
배롱나무 흔든다

수묵빛 광채 속
초록의 바람이
문풍지처럼 떨거나
살 비비며 사운대면
매 순간
다른 그림을
그리는 광풍각

명옥헌에 발을 들여 놓다

간지럼 타는 나무
배롱나무 묵은 등걸 손끝으로 끌어대자
부끄러운 듯 까르르 웃음을 쏟아 놓고
온몸에 경련이 인 듯 몸을 빌빌 꼬고 있다

차가운 몸에 온기를 불어넣은 탓이리라
한껏 웅크린 몸에 간지럼을 먹여 볼까
서너 살 어린애처럼 까르, 까르르 웃어 보게

연지
마른 잎이 흙을 향해 경배하는 작은 연지
발목 흰 작은 새가 어디서 왔을까
꽃받침 구멍 속에 든 검은 연밥 쪼고 있다

오층석탑 초록에 들다

밑에서부터 허물어진 사직을 어이 하랴
삐딱한 석당간石幢竿이 사찰임을 일러주는
넓은 들
초록 한복판
우뚝 선 오층석탑

여백 위 점 하나가 많은 이야기 품고 있다
비어 있는 것을 가득 채우려 하지 마라
누구는
상상 속에서
복원하리라, 손 없는 날

관어정 풍경

고기인 듯
누각 한 채
물 위에 떠 있는

담양천
물길 따라 흐르는
노거수와

사람도
자연이 되는
산수화, 그림 같은

독수정원림

다급하게 감긴 길을 풀어내고 접어들자
솔바람에 한약 내음 배어 있는 산음동
질그릇 한약탕기가
깨어진 채 뒹구는

벌레를 머금는 꾀꼬리 형국이라
함충재 숲길 넘어 정곡리로 가는 길
무겁게 앉은 팔작지붕
북향*으로 몸을 튼

* 패망한 왕조가 있는 개성.

취가정 오르는 길

돌계단 오르는 길
까치 먼저
통,
통,
뛴다

발아래 붉은 홍송
소리 내 우는 것은

취할 때
부르는 노래
바람 탓만 아니리

산허리 물안개가 머리 감고 오르면
풀어진 밭둑길은 밭과 밭을 잇고
산발치 텅 빈 자리에 옥수수단 뒹군다

식영정 단풍을 맞다

단풍
가을을 배경 삼아 돌담 속 돌들까지
잠자리 타박하듯 자리다툼 하는지
핏물이 흥건히 고여 발등을 다 적신다

풍경
그림자도 쉬어가는, 사선*이 머물던 곳
금강송 사이사이 퍼런 물이 거울 같은
광주호 수면 가득히, 배가 되어 뜨는 시詩

*四仙: 임억령, 김성원, 고경명, 정철.

부용당 연지에 빠지다

물 위에 정자 한 채
그려 넣은 붉은 해

제 몸의 뜨거움에
그냥,
첨벙 뛰어드는

부용당
네모난 연지
유리판같이 누운

하늘은 물에 들어 있어도 젖지 않는다
발목이 붉은 딱새 얼굴을 씻다 말고
물낯을 쪼아대다가 푸르름에 몸 담근다

몽한각에 눌러 앉다

귀양살이 풀려나도 그냥 그곳 눌러앉은
이서공* 깊은 한을 들춰내서 무엇하랴
꽉 다문 솟을대문이 입을 열지 않는다

갈두葛頭 같은 나무들이 하나 없는 몽한각
섬돌 위 갓신인 양 곁눈으로 보고 있던
담장 안 한옥 두 채가 솔 그늘에 젖는다

*이서는 태종의 7대손. 양녕대군 증손으로 중종 2년 이과의 죄로 인하여 전남 담양 창평으로 유배. 그 후 14년 동안 귀양살이가 끝나자 한양으로 올라가지 않고 대덕면에서 일생을 마쳤다.

추월산 와불[*]

아귀 맞은 공간 속에 날개를 꺾인 빛이
가슴 깊이 닫혀진 어둠의 문을 여는
그런 날 일어나리라,
일어나 눈 뜨리라

간절함이 깊으면 소원은 이루어지는 것
하늘 땅 맞닿은 산 정상에 누웠나니
새 세상 열리는 날에
빛을 안고 오리라

---

[*]추월산은 전라남도 5대 명산 중 하나 높이 731m. 담양읍에서 추월산을 보면 산등성이에 와불이 있는 형상이 나온다.

제 5 부

추월산, 버섯을 품다

서시

자연은 돌고 도는 순환의 고리다
한 생을 살다 가면 흙으로 분해 되어
새로운 생명의 밑거름으로 다시 사는 것이다

송이버섯

가랑비 오락가락 심심찮게 궂게 내린
그런 날 꼭 끝머리에 속없이 발기한
소나무 심술부린다
뚝 떨군 공알 하나

떨어진 갈잎 속에 감춘 포자 탓만 하랴
어릴 적 아비 닮아 작은 갓을 썼을 뿐
기둥의 부실함이야
남은 날의 몫이지

능이버섯

철퍼덕, 실한 황소 내지른 거시기같이
나전칠기 입사기법 자갈색 판화 한 점
도토리 졸참나무는 죽어서도 다시 산다

나팔꽃 긴 깔때기 모양새, 그 큰 갓을
비에 젖은 우산처럼 접었다 다시 편다
주름살 작은 구멍이 홀씨 솔솔 쏟는다

초기의 담갈 흑색 흑갈색으로 변해도
향버섯, 능혈이라 불리우는 이름답게
그 향내 능청스럽게 쏟아 놓고 고개 숙인

싸리버섯

바늘 한 쌈 세워 놓고 그 위에 또 세우기
톡톡 터진 황색 포자 흰 뿌리를 내려놓고
분지 끝 작은 술잔에 이슬 받아 먹고 산다

아름다운 꽃일수록 가시를 품고 있듯
뜨건 물에 숨을 죽여 찬물에 또 담근다
색깔이 고운 것들은 독을 품고 있느니

느타리버섯

층을 이룬 주상절리
무등산 입석 같다

칠팔월 약찬 오른 독사처럼 고개를 든

머리엔
치맛단 같은
레이스를 쓰고 있다

촌닭의 다리처럼 씹다 보면 쫄깃해서
고명처럼 흰 밥에 올려 먹어도 그만
적당히 물배 부르듯 중동이 굽어 있는

말굽버섯

너를 보면 발목 가는 말발굽 소리 들린다
아득한 몽골 초원 숨차게 달려 온
U자형
무쇠 편자가
찍어 놓은 나이테

상황버섯

얼핏 보면 돌기 도는 혓바닥 같은 모습
갓 밑은 융단 같은 황금빛 덩어리다
가끔씩 진흙색으로 우리 눈도 유혹하는

살아생전 기생하여 남의 피를 빨던 것이
죽어서 뜨거운 물에 오열로 속죄하는
담황색 저 맑은 진액 암의 발을 묶는다

영지버섯

구멍장이버섯목 불로초과에 속하는 영물이다
단단한 껍질에 옻칠 업듯 광택이 난
바람길 그늘에 자란 콩팥 모양 고리홈

황색을 띠다가 적갈색으로 변할 때쯤
황금색 갓의 뒷면
무수히 난 관공들
가끔씩
바람이 불면
피리 소리를 낸다

꽃버섯

어찌 보면 부케 같고 불두화도 같은 것이
한 떼로 피어올라 계곡 환히 밝히느니
다갈색 먼지 버섯이 또 심통을 부린다

서늘한 바위 아래 옹기종기 모여 앉아
키득키득 웃고 있는 물오른 처녀 같다
꽃으로 치장한 관이 모란보다 더 눈부신

동충하초

곤충 몸에 기생하여
비로소 자신을 세운

목이 긴 황색 꽃들 습지에 모여 앉아

산중의
바람을 모아
안테나를 세운다

벌레면서 벌레 아닌
식물이면서 식물 아닌

풍뎅이, 말벌, 매미, 노린재, 메뚜기 등

한여름
계곡물 속에
젖은 얼굴 씻고 있다

민자주방망이버섯*

연보라 우산들이 산비탈을 오르고 있다
발뿌리 퉁퉁 부른 까치버섯 주저앉고
곧추선 칼바위마다 석이버섯 귀 세운 날

온갖 풀과 나무들이 습을 품다 토해 낸다
하늘과 땅이 맞닿은 칠팔월의 기인 장마
가지색 민자주방망이버섯 다듬이질하고 있다

*일명 가지버섯.

운지버섯

구름같이 뭉쳤다고 붙여진 이름일까
술에 맞은 다음 날 녹차처럼 우려먹던
가죽질 단단한 반달 레이스를 한껏 푼다

소나무 진액을 짜 층층이 탑을 쌓은
모란꽃 이파리처럼 포개 놓은 나잇살
평평한 갓 아래쪽이 산까치 흰 배 같다

달걀버섯

바람 든 촌닭 년이 출산을 했나 보다
미숙아를 내다 버린 동북쪽 깊은 산 속
심술보 망태버섯이 또 그물코를 늘린다

질펀한 푸르름 속 눈요기나 하라는 듯
원색의 진한 색을 한껏 풀어 유혹하다
산허리 뭇 아이들을 계곡으로 굴린다

독우산광대버섯

 바다 위 띄워 놓은 제주 성산 일출봉을 간밤에 눈을 만나서 백자 접시로 빚었구나
 죽음의 천사로 불린 독우산의 도공이여

알광대버섯

막질 형 턱받이를 상부에 걸어두고
칼집 같은 주머니 속 까다 만 달걀 하나
콜레라 격렬한 증상 설사 구토 불러오는

금오름 모양새로 물 고이듯 오목하다
순백의 흰 살점이 독을 품고 살 줄이야
풀 죽은 가을 낙엽도 바람 타고 뒹군다

*제주시 한림읍 금악리 1-1.

노랑꼭지외대버섯

세로로 찢어진 기름먹인 우산 같은
펼 때마다 흰 주름이 살색으로 변하는
가을날 활엽수림 속 노랑 꼭지 삿갓 같은

사람을 유혹하는 도심의 밤 문화처럼
눈길을 확 잡아끈다, 원색에 낚인 사람
거시기 대가리같이 두드러진 돌기 한 줄

해설

이재창/
그리운 어머니 또는 노블레스 오블리주

오종문/
담양 다르게 보기, 역사와 삶을 읽다

그리운 어머니 또는 노블레스 오블리주

이재창
(시인, 전 광주대 문예창작과 외래교수)

1. 한 포기 풀잎에서도 생명의 고동소리를 듣고

문단 등단 반세기, 이한성 시인의 작품에서는 사람 사는 냄새가 난다. 끈적끈적한 우리 민중사의 이야기 한 단면을 보여준다. 또한 시를 읽는 사람의 내면에 깊고 밝은 울림을 자아낸다. 그는 이제까지 세상사의 끊임없는 현상과 사물에 대한 해석과 분석 방법을 시조의 정형미학이라는 카테고리에 녹여내는 작업을 해왔다.

이한성 시인의 작품 특징은 여전히 현대적 감각의 은유와 상징, 현실 인식의 새로운 이미지의 시적 기교를 보여주는 현대시조의 전범에 속한다. 시의詩衣를 폈다 접는 기교에서 파생되는 한국적인 멋과 가락을 창조하는 신선함이 그의 작품의 본질이다. 또한 의미의 긴장성과 이미지의 조형성, 상상력의 자유스러움과 인식의 명료성을 위한 대립과 갈등의 절제된 가락 속에서 현대적인 이미지가 섬세하게 도출된다.

그러한 가운데 이한성 시인이 시조시단에 보여준

가장 큰 업적은 현실의식의 문학적 반영과 울림이다. 5·18 광주의 증언, 체험의 재구성인 장시조 '울음 타는 市街-광주 5·18 그날의 점묘'는 시조단에서 그 어떤 시조시인도 해내지 못한 시인으로서 시인의 본분을 다한 대역작이다.

그는 "광주의 그날 역사의 현장에 있었다. 그 피비린내 나는 현장을 목격하면서 무언가 증언을 남기지 않았다면, 이 시대의 문객으로서 아니 광주 시민으로서 죄책감에 시달렸을 것이다"고 소회를 밝히고 있다. 비겁한 대다수의 문인들이 꿀 먹은 벙어리가 되었던 그 시절, 그는 시인으로서 직무를 유기하지 않았던 것이다. 그러니 아직까지도 몽매한 평자들의 눈에 보이지 않은 건 당연한 이치다. 사당화에 눈먼 패거리 문화가 사라지지 않는 한 시조단은 '돈 놓고 돈 먹는' 시정잡배와 무엇이 다르겠는가. 한 개의 돌멩이에도 귀를 바로 세워 숨소리를 듣고 싶었고, 하찮은 한 포기의 풀잎에서도 생명의 고동 소리를 듣고 싶었다던 이한성 시인. 그 흔한 돌멩이, 풀포기들이 비록 생각 밖의 미미한 존재라 할지라도 그에게는 가장 소중하고 큰 비중을 차지한다.

최근 그의 작품을 대하면 뉴 미디어 시대에 있어서 새로운 가능성에 대한 해답을 듣는다. 현대시가 감히 이루어내지 못한 긴장과 절제의 미학 속에서 당 시대의 음울한 현실인식을 풀어가는 기법과 삶의 곳곳에 도사리고 있는 시인의 고향, 장흥군 용산면 어산리, 어린 시절 어머니 그리움에 대한 투사가 엄청난 시적 영감을 발휘한다. 연작 「전각」「장흥댐」「빈집」「어머니의 말」 등 그의 작품은 어떤 잣대나 기준틀을 제시하지 못하고 우왕좌왕하는 패거리 문학이나 대량 생산되는 삼류시조에 대한 경각심을 불러일으킴과 동시에 현대시조가 나아가야 할 방향과 그 전형을 제시한다.

그의 시가 보여주고 있는 또 하나의 장점은 현대시조의 다양한 시적 대상과 주제 영역이 어느 한 부분에 머무르지 않고 폭넓게 확장하고 있다는 점이다. 수많은 대상의 깊이 있는 통합과 사유를 통한 시적 언어들이 반짝반짝 빛나는 것은 사물에 대한 뛰어난 감성과 관찰력이다. 또한 그것을 시적 언어로 간명하게 변환시키는 능력의 탁월함 때문이다.

강인한 시인은 시평 '조형미와 현실 인식의 치열성'에서 그의 작품 특성은 "적절한 노출의 타이밍과 전체로부터 의미 있는 부분만을 끄집어내어 결합하는 주제적 집중은 바로 시인의 시정신에 다름 아니다. 이한성의 시들이 포착하는 것은 그러한 조형의 세계이다. 그러나 이렇게만 말하기엔 충분치 않다. 그의 시가 본질적 질료로서 다루고 있는 언어적 특징이 또한 가벼이 볼 수 없는 성질을 띠고 있는 까닭이다. 그가 사용하는 언어는 어떤 경우에서건 가식이 없는 질박한 육성으로 나타남을 볼 수가 있다."고 밝히고 있다.

평론가 유성호 교수는 "시력 반세기가 되는 그의 정형미학은 시조시단에 가지는 위상이 크고 각별하다"며, "자연 사물을 통한 존재론적 깨달음의 영역과 타자의 삶에 대한 애틋한 사랑은 이한성 시조미학의 고갱이가 되고 남을 것이다" 또한 "적막하면서도 역동적이기 그지없는 그의 내면 풍경은 정갈하고 심미적인 눈길을 통해 존재론적 결핍을 치유하는 상상의 매개물이 되고" 있다고 말한다. 이처럼 그의 작품은 "우리 서정시가 가지는 촌철살인과 같은 힘"을 지니고 있다.

이제 '오목렌즈 & 볼록렌즈의 시학'의 그의 작품 속으로 들어가 보자.

2. 꿈꾸는 공간 혹은 삶과 세상의 경계

> 비가 내리는 경계를 걸어 본 적이 있다
> 한쪽 어깨는 젖고 한 어깨는 더 뽀송한
> 한기가 각을 세운 날, 머릿속은 뜨거웠다
>
> 달빛이 낮게 내려 발목을 감을 때
> 바람은 살랑 불어 속옷을 더듬었다
> 사랑의 경계를 풀기에 더없이 좋은 밤
>
> 길게 눕던 그림자가 일어나지 않는다

축축한 땅바닥에 맨몸을 뒤집을 뿐
가을이 몸을 바꾼다, 아무 일도 없는 듯
—「경계를 걷다」 전문

  이 작품에서 삶을 바라보는 시인의 시선은 지혜로운 현자의 깊고 여유 있는 성찰을 담고 있다. 한 번 시적 상상을 해보자. 비가 내리는 경계를 과연 걸을 수 있을까. 그래서 한쪽 어깨는 젖고 한쪽 어깨는 뽀송뽀송하게 걸을 수 있다고 상상할 수가 있을까. 그것은 새처럼 바람처럼 한 곳에 묶여 있을 수밖에 없는 나무를 바라보듯이 시인이 꾸는 꿈 혹은 꿈꾸는 공간임을 짐작하게 한다. 그것은 시인과 세상과 삶의 경계를 의미한다.

  또한 바람이 살랑 불어 속옷을 더듬는 밤의 공간은 강제된 유폐의 공간이 아니라 타락하고 모순된 세계와 맞서서 자신의 삶을 확보할 수 있는 자유와 은신의 공간이 아닐까. 길게 눕던 그림자가 일어나지 않고 가을이 몸을 바꾸는 데에도 아무 일도 없는 듯 달빛은 내리고 시인은 초연한 자세를 견지하며 경계를 걷고 있다.

  이처럼 그의 시조는 언제 보아도 팽팽한 상상력으로 결속돼 있다. 어느 곳을 뒤져보아도 단점이 잘 드러나지 않는다. 그만큼 단단하고 견고하다. 그의 시는 각 수가 전체적으로 하나의 틀로 잘 짜여 있다. 그 틀은 의미와 상상력의 짜임새를 말한다.

  작품의 제목에서처럼 그의 시가 항상 하나의 힘을

느끼게 해주는 것은 자신만의 완전한 정형의 틀에서 드러나는 신선한 맛과 멋을 가지고 있어서다.

> 밥상이 들어오면 저도 한자리 차고앉아
> 젓가락질하는 손을 번갈아 쳐다본다
> 입속의 가득한 침을 엿가락처럼 늘이며
>
> 간절한 놈의 눈빛에 오늘도 낚인 아내
> 매번 물을 먹은 종이처럼 무너져서
> 흰 밥풀 한 알이라도 입속에 적선한다
>
> 17년 살다 보니 허리가 굽어 있다
> 가족들을 돌려 보며 짠한 눈빛 건네는
> 우리 집 진갈색 푸들 헤어짐이 두렵다
> ―「우리 집에는 새끼 낙타가 살고 있다」 전문

17년 넘게 함께 살아온 푸들의 모습이 눈에 선하다. 삶과 세상의 경계에 서 있는 그의 모습이 육체의 무게를 벗어나서 비상하려는 꿈과 자유의 정신을 강하게 보인다. 밥상 앞에서 한 자리 차고 앉아 보호자를 번갈아 쳐다보는 것은 강한 생존 본능이다. 역으로 한때는 바람처럼, 날개의 생동적 이미지나 뛰어오르는 경쾌한 탄력성의 이미지, 발랄한 그의 모습이 시인에게 그 모든 모습이 관통되고 대상과 일체가 되려는 사랑의 마음이 곳곳에 동반되고 있다. 진갈색 푸들의, 한 집안의 구성

요소로서 세월의 모든 구속, 육체의 무게와 정신적 속박을 벗어나려는 시인의 꿈은 '새끼 낙타'의 삶과 세상의 경계에 집중돼 있다. 허리 굽어 짠한 눈빛 건네는 그와의 얼마 남지 않은 이별이 안타깝고 두렵지만 그 속에서도 생명의 숨소리가 들린다.

우리 주위에는 반려견과 반려묘들을 키우는 집들이 많다. 언제부터인지 반려견은 한 가족의 일원이 되어서 사람과 더불어 살아간다. 가정에서뿐만 아니라 산책, 반려견 놀이터, 카페 등에서 사회적 활동을 할 수 있도록 학습해 심리학적이나 사회학적으로도 가족의 구성원이나 다름 아니다. 일부에서는 인간과 개나 동물은 반려라고 불릴만한 동급의 존재가 아니고, 서로 간 완전한 의사소통과 교감을 하고 의식을 완전히 공유하기에는 무리가 있다고 지적하기도 하지만, '새끼 낙타' 푸들은 17년을 함께 살아왔으니 그도 가족이라고 생각하지 않을까.

3. 한국적 정서의 노블레스 오블리주

가끔씩 끼니때마다 옆집 아줌마가 찾아오면
놋쇠 그릇에 흰밥을 고봉으로 내놓던
어머니 나눔의 정을 노상 보고 자랐다

필시 웃어른들의 눈 밖에 날 행위지만

이 넉넉함도 이들에게서 나온 것이라며
어머닌 내 손을 잡고 두 손으로 모았다

—「나눔-어머니」 전문

  작품 「나눔」에서는 한국적 정서의 '노블레스 오블리주'를 느낀다. 노블레스 오블리주는 보통 부와 권력, 명성은 사회에 대한 책임과 함께 해야 한다는 의미로 쓰인다. 즉 노블레스 오블리주는 사회지도층에게 사회에 대한 책임이나 국민의 의무를 모범적으로 실천하는 높은 도덕성을 요구하는 단어이다. 하지만 이 말은 사회지도층들이 국민의 의무를 실천하지 않는 문제를 비판하는 부정적인 의미로 쓰이기도 한다.

  이것은 과거 로마제국 귀족들의 불문율이었다. 로마제국의 귀족들은 자신들이 노예와 다른 점은 단순히 신분이 높다는 게 아니라, 약한 자를 돕고 가난한 자들을 돕는 사회적 의무를 실천할 수 있어야 한다고 생각했다. 이러한 것들은 현대사회의 타락한 금권만능주의를 떠올리며 깨우치게 한다.

  한국전쟁 이후 60년대와 70년대를 거쳐 오면서 우리의 빈곤한 생활상을 떠올리지 않을 수 없다. 그 시절 하루 세 끼를 제대로 찾아 먹은 사람이 얼마나 될까. 대다수 사람이 지금의 아프리카 빈민촌의 뼈만 앙상한 어린아이의 몰골처럼 기아에 허덕이던 시절이었다. 주위의 이웃들을 위로하고 생각하고 도우며 살아갈 환경은 더더욱 아니었다. 미군 부대에서 보급한 옥수수 가루로 죽을 쑤어 먹고 하루하루를 연명하며 살았던 기억은 21세기를 사는 우리를 다시 울컥하게 만든다.

「나눔」은 그러한 어려운 시절 고향에 대한 그리움과 이웃에 대한 사랑을 몸소 실천한 어머니의 사랑을 절절하게 묘사한 작품이다. 끼니때 옆집 아줌마에게 고봉으로 흰밥을 내어주던 모습을 보고 자란 시인의 품성 또한 어디로 가겠는가. 어머니의 그 작은 '나눔'이 감동스러운 것은 이 넉넉함도 이들에게 나온 것이라며 서슴없이 웃어른의 눈치를 보면서도 실행하는 것이야말로 진정한 노블레스 오블리주가 아닐까. 사회지도층이나 부유한 재벌들의 생색내기 말 잔치, 보여주기식 성금이나 기부의 그 무엇에 비하겠는가.

4. 어머니, 그리운 어머니

1
산달이 가까워지면 아랫배 트는 산모처럼
대나무도 장마철엔 물배 불러 터진다는
어머니 우스갯소리가 마냥, 그리워지는 밤

2
피 나게 살 비비는 댓잎소리 수상하다

사그락, 사, 사그락 한 음보 높은 소리
어둠이 묽어질 무렵 비가 든다, 후두둑
─「어산리 대숲」일부

공갈 젖꼭지 물린다, 칭얼대는 아이에게
속임수 쓰는 것이 왠지 가슴이 저려 와서
풍뎅이 목을 비틀듯 아픈 시늉을 한다

어릴 적 동냥젖을 얻어먹던 병철 아재
빈속에 술만 들면 한 마을을 뒤엎었다
지난날 아픈 기억이 새롭게 싹트는지

너무 저 놈 탓만 마러 똘것*으로 크다 본께
위아래도 몰라보고 그냥, 한풀이 한 거여
그 누가 제 새끼 안듯 가슴으로 품어 봤남
─「어머니 말씀-동냥젖」전문

 그리운 어머니, 끝없는 자애와 헌신으로 자식을 위해 한평생을 바치는 어머니의 모습은, 시간과 공간을 초월하여 세계 곳곳 많은 문학 작품에 투영돼 왔다. 양상을 보면, 하나는 자식을 위하여 다 하지 못한 모정을 드러낸 작품들이고, 다른 하나는 끝없는 어머니의 사랑에 대한 사모의 정을 표현한 작품들이다. 어느 작품이나 모두 순수하고 고귀한 심중에서 쓰여져 독자들에게 무한한 감동을 준다.

「어산리 대숲」은 가족끼리 모여 앉아 이야기를 나누는 모습이 정겹다. 아랫배 트는 산모와 대나무 물배가 절묘하게 어우러져 어머니의 이야기 소리가 마음의 거리만큼 가깝게 들려온다. 살 비비는 수상한 댓잎소리가 사그락, 삭, 사그락 한 음보 높게 그려지는 저물 무렵의 풍경이 정겨운 시골 밤을 한 폭의 액자로 드러나게 한다. 이렇듯 우리는 '어머니'하고 부르기만 하여도 벌써 어머니 품에 안겨 있는 포근함과 지고의 행복감을 느끼게 된다.

　또한 가정과 자식을 위한 자기희생은 즐거움이었고, 자식을 훌륭히 키우고자 하는 열정은 그 무엇에 비할 바가 없었다. 우리들의 훌륭하였던 어머니들의 삶을 돌아보면, 받는 것보다는 베푸는 것을 천명처럼 생각하며 살았음을 알 수 있다. 끝없는 자기희생 속에서 가정과 자식을 위해 묵묵히 몸 바치는 어머니의 모습은 마치 성직자의 모습과 같다. 그러기에 모든 사람의 가슴속에 담긴 어머니의 모습은 숭고하고 거룩한 아름다움을 지닌다.

　멀리 떠나 있어도 우리는 어머니를 생각하면 감미롭고 포근하며, 따뜻하고 든든하다. 그래서 우리들은 가장 힘들고 괴롭고 절망적일 때 어머니를 부르며 어머니의 가슴에 안기기를 갈망하지 않는가.

　'어머니 말씀'은 출산과 유아기의 양육, 성인이 될

때까지의 보살핌은 모든 인간사회의 과제이며 모성애의 출발이라는 것을 극명하게 보여준다. 동냥젖을 얻어 먹여 키운 병철 아제의 근본적 문제도 당연히 어머니의 사랑이다. 모성애를 충분히 받지 못하고 자란 병철아제의 똘것 행동을 나무라지 않는다. 꾸짖기 전에 그의 한풀이와 아픈 기억, 누군가 그를 위해 제 새끼 안 듯 가슴으로 품어 봤냐고 되물어 본다. 모성의 초원에 도란거리며 내리는 한 줌의 빛처럼 이 한 줄의 시가 한 인간에게 있어서 어머니의 사랑과 따뜻함이 얼마나 성스러운지를 잘 그려내고 있다.

5. 문명에 갇힌 어두운 그림자

> 깎아 친 시멘트벽 그림 한 폭 걸렸다
> 푸르름이 암갈색으로 몸을 바꾸는 계절
> 해거름 바람이 일자, 붉은 노을 흥건했다
>
> 싸락눈 내리는 날 다시 찾은 광천교 밑
> 지워진 액자 속에 심줄석* 저 암각화
> 이어진 선의 흐름이 피가 돌아 선명했다
>
> 짧은 생 악착같이 기어오르는 담쟁이가
> 남기고 싶은 무슨 말이 있을 것만 같아서
> 한동안 못 박혀 서서 화폭 속을 응시했다
>
> ―「응시」 전문

이 작품은 문명에 갇힌 삶의 그림자를 응시하고 있다. 깎아 친 시멘트 벽이 자연현상에 대한 시각적이고 회화적인 이미지로 색칠되어 단아한 맛을 낸다. 벽 그림 손에 쥐면 뚝 뚝 뚝 노랗고 붉은 물감이 떨어지듯 한 폭의 사생화처럼 머릿속에 스쳐간다. 그것을 관찰하는 시적 자아의 회화적 몰입은 온몸이 채색이 되는 과정까지 그려냄으로써 계절이 바뀌며 해질녘 질퍽한 노을의 미학까지 수용해냈다.

 겨울 녘 광천교 밑 액자 속에는 싸락눈이 내리고 있다. 그건 바로 시적 상상력 속에서의 현실사회의 모습이다. 인생의 모든 사연과 사물들이 덧없이 떠올랐다가 사라지는 환영처럼, 시간의 흐름 속에서 잊혀지고 허물어지고 소멸되어 가는 현대인의 삶의 모습을 응시한다. 지워진 심줄석의 암각화 선의 흐름이 피가 돌아 선연한 것처럼 깨우침의 근원에는 인간의 생명과 자연의 생명력이 자리하고 있다. 짧은 생을 악착같이 기어오르는 담쟁이처럼 우리 인생은 아슬아슬하다. 세상의 끄트머리에 붙어 끈질기게 목숨을 부지하는 것, 삶은 결코 진부하고 일상적인 것이 아니라 신비롭고 부조리하고 초월적일 수 있다는 것, 사랑과 이별과 기쁨과 고통의 이야기 속에서 진정한 삶과 존재의 큰 의미를 읽을 수 있다. 남기고 싶은 무슨 말이 있을 것만 같아서 음울한 세상으로 대변되는 화폭을 응시한다.

6. 숨바꼭질마저 사치인 국민놀이

>아프리카 대륙에는 숨바꼭질 놀이가 없다
>하얗게 밤을 새운 술래가 돌로 굳어
>동구 밖 돌하르방처럼 왕방울의 눈을 뜨고…
>
>한낮에도 어두움이 뿌리 내린 죽음의 땅
>헛배 부른 아이들이 휴지처럼 내버려진,
>흙모래 골고다 언덕 바람 소리 사나운
>―「아프리카에는 숨바꼭질이 없다」 전문

숨바꼭질은 세계 곳곳의 많은 문화권에 현존하는 아주 간단하고 즐겁게 시간 보내기 좋은 어린이들의 놀이문화 중 하나다. 한 사람이 술래가 되면 나머지 사람들이 몸을 숨기고, 술래가 숨은 사람들을 찾아내는 놀이를 말한다. 어떤 세대든 어린 시절엔 누구나 다 해봤을 법한 추억의 국민놀이다. 그러나 아프리카엔 이러한 놀이를 할 아이들의 숨바꼭질이 없단다.

이 작품은 현대사회의 당면과제인 아프리카 빈곤과 병마 탈출을 위한 현실의식의 문제 제기를 한다. 하얗게 밤을 새운 술래가 왕방울의 눈을 뜨고 돌처럼 굳어나가는 현실과 한낮에도 인적 없이 어둠이 뿌리내린 죽음의 땅이 되어버린 곳에서 아이들에겐 희망도 용기도 가질 수가 없다. 그들의 주검마저 휴지처럼 버려진

흙모래 골고다 언덕에서 그들은 살아날 수 있을까 절규한다. 시인은 숨바꼭질마저 사치일 수 있는 현실을 안타까워하고 있다. 서구의 현대사회에서 볼 수 없는 빈곤한 기아와 질병, 파괴된 생태적 환경은 인간이 살아갈 수 없을 정도로 열악한 현실이다. 아니 인간 파괴적인 환경을 고발한다. 하루 한 끼도 먹지 못하고 수백만 명의 어린이들이 기근으로 아사 직전이다. 또한 인간 생존의 열쇠인 식수의 부족으로 야생동물의 배설물과 폐수로 오염된 물을 음용하는 모습은 가히 비인간적이라는 것을 고발하고 있다.

7. 현실인식과 한국적인 멋과 가락의 창조

이제까지 이한성 시인의 최근 작품을 간략하게나마 살펴보았으나, 전체적인 그의 문학적 특성은 다음의 몇 가지로 집약할 수 있을 것으로 보인다.

첫째, 시조 형식의 다양한 시도를 통해 현대시조의 시적 역량을 높이는 데 크게 기여 하였다. 그는 초기부터 평시조, 사설시조, 양장시조 등의 형식을 동원한 연작시조를 섭렵하고, 무거운 역사성의 주제를 장시조로 소화해 내 문단의 주목을 받았다. 장시조 「과정」, 「물레돌리기」, 연작시조 「비가」 「보름제」, 「은유」 「땅」 「해학」 등이 이 범주에 속한다. 둘째, 은유와 상징 그리고 새로운 이미지 창조 등 시적 기교가 돋보인다. 평단에서도 그의 시조를 두고, "시의詩衣를 폈다 접는 기교에서 유로되는 한국적인 멋과 가락을 창조하고 있다."고 극찬을 아끼지 않았다. 셋째, 이한성 시인이 시조시단에 보여준 가장 큰 업적은 현실의식의 문학적 반영과 울림이다. 5·18 광주의 증언, 체험의 재구성인 장시조 「울음 타는 市街-광주 5·18 그날의 점묘」는 시조단에서 그 어떤 시조시인도 해내지 못한 시인으로서 시인의 본분을 다한 대역작에 속한다. 넷째, 현대시조의 다양한 주제 영역을 넓혀 가고 있다. 그의 시조는 시적 대상에 대한 깊이 있는 사유를 통해 드러나는 감각적 언어를 구사한다. 그는 뛰어난 감성으로 사물을 관찰하고, 그것을 시적 언어로 간명하게 변환시키는 능력이 탁월한 시인이다.

그는 시와 진실한 사람들을 한없이 좋아한다. 자신의 출세를 위해 친구를 팔고, 애인을 팔고, 양심을 파는 그런 사람들을 대할 때마다 분노를 꿀꺽꿀꺽 삼키면서 늘 동정의 뜨거운 눈물을 보내곤 한다. 인간의 내부가 시를 쓸만큼 완성되어야 참된 시가 비치고, 또 하나의 인간이라는 시가 된다고 믿는다. 참된 인간의 내부를 표출하는 작업이 곧 시를 쓰는 일이기 때문이다. 이처럼 그의 작품들은 꾸밈이 없이 진솔하다. 그리고 그 진솔한 감동은 가슴에 와 박힌다.

마지막으로 필자가 젊은 습작 시절 애송했던 그의 초

기 작품 한 편을 소개하며 이 글을 마무리하고자 한다.

> 항상 먹물이 뜨거워도 감히 찍지 못할 나의 땅
> 따스한 흙 한 줌을 어디 가서 찾을거나
> 쓰러져, 뒹굴어도 잡을 끄나풀 하나 없는 하늘
>
> 흙에 서지 못한 뜻은 문자文字 밖에 울고 있다
> 오직 남은 것은 힘없는 이 빈 주먹 뿐
> 슬픔은 절정絶頂을 달려 바람으로 길을 낸다
>
> 가난한 마음 밭에 사랑으로 피는 꽃을
> 나는야 입 맞추며 어느 날에 눈물 흘릴까
> 바램은 오늘을 사르고 내일 먼저 타는 불꽃
>
> ―「悲歌·1」전문

뜨거운 가슴으로 우리의 땅을 사랑하고 자신의 위치에 대한 겸손함이 묻어있는 작품이다. 따스한 흙 한 줌 어디에서도 찾을 수 없는 자신의 처지를 결국 비관하지 않는 시정신이다. 비록 빈주먹으로 이 세상 태어났지만, 그에게는 마음속에 사랑으로 피는 꽃을 항상 간직한 듯싶다. 이한성 시인의 따뜻하고 진정성이 엿보이는 대목이다.

담양 다르게 보기, 역사와 삶을 읽다

오종문

 이한성 시인은 대상을 새로운 관점에서 바라본다. 고정관념을 배제하고 상상력과 창의력을 통해 대상을 새롭게 바라보고 재해석해서 표현한다. 낯익은 것들을 새롭게 바라보고, 관습적이고 기계적인 것들을 일깨워서 새로운 생명을 불어넣는다. 시인은 고정관념을 부수고 자아와 사물의 고정적인 이미지를 새로운 상상력으로 펼쳐내면서 좋은 시를 만들어내고자 한다. 이를 위해 일차적인 의미에 숨어 있는 주체들을 상상력을 동원해 다층적이고 창조적으로 도출하기 위해 윤곽이 쉽게 잡히지 않은 삶의 이미지들의 새로운 결합을 통해 시적 공간을 창출하려는 흔적이 곳곳에서 엿보인다. 인간은 태어나서 죽음에 이르기까지 인생 자체가 여행이고, 누구나 외로운 나그네라는 사실이다. 그래서 시인은 담양 기행을 통해 보고, 듣고, 느낀 심사를 시조 행간에 담아 삶의 진정성을 토해낸다. 역사와 문화의 흔적을 눈으로 확인하는 통찰력과 넓은 시각을 보여줄 뿐 아니라 내면의 깊은 감회와 생활 맛이 물씬

풍겨 오는 언어로 독자들에게 다가간다.

*

　시조집 『경계를 걷다』 제4부 '달빛, 무월리'와 제5부 '추월산, 버섯을 품다'는 담양의 명소와 전남의 4대 명산 중 하나인 추월산에서 자라는 버섯을 주체로 구성되었다. 시인은 담양의 여러 명소를 기행하며 보고 느꼈던 다채로운 풍경에 시인의 역사 지식을 얹어 일상의 언어로 새로움의 시를 탄생시킨다. 지금까지 살아오면서 그의 기억 속에 한 자리를 차지하는 지역은 많을 것이다. 그런데 시인은 왜 하필 담양이었을까? 모든 기행을 통틀어 그의 기억 속곳에 자리 잡은 '담양'이란 공간은 어떤 흔적을 남긴 장소였을까.

> 시간이 멈추는 듯한 마을 어귀, 안내도
> 달팽이가 말 건넨다, 싸목싸목 가시라고
> 구겨진 길을 따라 흐르는
> 도랑물 소리 환하다
>
> 담쟁이 붉은 넝쿨 주렴처럼 걸려 있는
> 돌담과 돌담 사이 아궁이가 이쁜 옛집…
> 사람을
> 품은 몸짓으로
> 골목길이 정겹다
>
> 　　　　　　　　　―「삼지내 돌담길 전문」

시인은 슬로시티로 지정된 창평 삼지내三支川 마을의 돌담길을 걷는다. 의병장 고경명 후손이 사는 집성촌 마을로, 개울 세 갈래가 마을을 지난 데서 붙여진 이름이다. 돌담길을 따라 실개울이 흐르는, 마치 "시간이 멈추는 듯한" 마을로, 시인은 본능적으로 마음과 걸음의 속도를 늦춰야 한다는 걸 안다. 오랜 삶의 경험을 통해 이해하게 된 '앎'이다. 느림보 달팽이처럼 "싸목싸목" "구겨진 길을 따라 흐르는" 환한 "도랑물 소리"를 들으며 "돌담과 돌담 사이"를 걸으며 바람이 전하는 말도 듣고 느리게 흘러가는 구름을 동무 삼아 백년 전의 삶과 마주한다. "아궁이가 이쁜 옛집"에 들어서서 기와지붕에 내려앉은 켜켜이 쌓인 세월 앞에서 "사람을/품은" 느린 삶을 갈구하며 달빛이 어루만지는 마을, 무월리로 향한다. 언젠가 한 번은 보았을 법한 "철부지 영산홍이 화들짝 피어"나는 오월 무렵, "발묵처럼 어두움이 풀어지는 새벽" 마을 동쪽 망월봉에 달이 차오르면, 신선이 달을 어루만지는 듯한 아름다운 달빛이 별빛과 함께 "깨알처럼 쏟아"(「달빛, 무월리」)져 내리는 하늘을 올려다본다.

 이 순간 사소하고 일상적인 풍경인데도 새삼 생경하게 느껴지는 추억이 떠오른다. 시인은 담양에 소재한 곳곳의 명소를 기행하면서 "나무는 노래하고/석불은 염불하고…"는 「느티나무 학교」를 통해 유년 시절 기억 속에 간직하고 있는 뿌리, 고향의 모습을 떠올리고, 전남 제2호 민간정원인 죽화경 정원북에서, 말 그대로 한 권의 책을 읽는 듯한 공간, "수련이 제 그림자를/몸으로 덮은/한낮" 대나무 울타리에 흐드러진 찔레장미와 야생화가 피어있는 작은 오솔길 산책로에서 나도 꽃이니 보아 달라고 직립한 데이지꽃이 "정원북을 읽"(「죽화경의 정원북」)고, 초록이 짙어가는 남산리 넓은 들판 한복판에 "삐딱한 석당간石幢竿이 사찰임을 일러주는" 오층석탑 앞에서 "밑에서부터 허물어진 사직을 어이" 할까는 긴 탄식도 잠시 "여백 위 점 하나가 많은 이야기 품고 있"(「오층석탑 초록에 들다」)는 탑을 벗어나 한국 전통의 별서정원 소쇄원으로 향한다.

  시인은 "정자 한 채 덤으로 그려놓은 그림 한 폭"처럼 아름다운 소쇄원에 들어 너럭바위에 흘러내린 물줄기가 애기단풍을 품고, "오곡문 담장 아래"에서 "다섯 번 굽이 돌아"(「소쇄원에 들다」) 흐르는 정원 광풍각에 앉아 스승 조광조가 화를 입자 은거한 제자 양산보는 무슨 생각을 했을까를 생각하면서 명옥헌으로 걸음을 옮긴다. 목백일홍꽃이 연못에 반영되어 진홍색 물로 변하는 모습이 환상적으로 한 폭의 풍경화가 되는 화려함보다는 추억 속 간지럼나무를 떠올린다. "배롱나무 묵은 등걸 손끝으로 끌어대자/부끄러운 듯 까르르 웃음을 쏟아 놓고/온몸에 경련이 인 듯 몸을 빌빌 꼬고 있다"는 표현처럼, 배롱나무의 매끄러운 표면을 손으로 긁으면 간지럼을 타듯 잔가지가 흔들린다. 그래서 시인은 옥구슬 구르는 소리 같은 청아한 물소리가 모이는 연못의 "발목 흰 작은 새가"(「명옥헌에 발을 들여놓다」) 찾아와 연밥을 쪼고 있는 평화로운 풍경을 바라보면서 안분지족을 꿈꾸던 한 선비의 마음을 품었을까. 아니면 "물 위에 떠 있는" 누각에서 "물길 따라 흐르는/노거수와" "사람도/자연이 되는/산수화, 그림 같은" 「관어정 풍경」을 바라보면서 자기 분수를 지키며 만족할 줄 아는 은둔한 선비의 즐거움을 느꼈을까. 그리고 '백이 숙제는 누구인가. 홀로 서산에서 절개를 지키다 굶어 죽었네(夷齊是何人 獨守西山餓)'라는 이백의 시구에서 따온 독수정獨守亭을 바라보며, "무겁게 앉은 팔작지붕/북향으로 몸을"(「독수정원림」) 틀었다는 것에서 알 수 있듯, 개성을 향해 북향으로 지어진 의미를 되새긴다. 패망한 고려를 홀로 지키겠다는 독수정 주인이 가족과 은거하며 지내던 슬프고 처량한 절개를 가슴에 담으며, '그림자가 쉬고 있는 정자' 식영정에서 성산사선星山四仙(김성원, 임억령, 고경명, 정철)을 만나보자.

단풍

가을을 배경 삼아 돌담 속 돌들까지

> 잠자리 타박하듯 자리다툼 하는지
> 핏물이 흥건히 고여 발등을 다 적신다
> ―「식영정 단풍을 맞다」 첫수 '단풍' 중에서

 식영정이 김성원의 장인 임억령林億齡을 위해 지은 것이라면, 식영정 우측에 있는 서하당과 좌측의 부용당은 김성원의 공간이다. 식영정이 위치한 '성산'은 정철의 「성산별곡」 배경이기도 하지만, 시인은 호남이 소외되고 선비들은 인재 등용에서 큰 차별을 받았다는 역사적 사실에 접근한다. 가사문학적인 공보다는 기축옥사(정여립 모반사건) 때 400여 명의 호남 선비를 포함해 1,000여 명의 선비에게 화를 입힌 송강을 절정에 이른 가을 '단풍'으로 은유하고 있다. 송강의 권력욕과 출세욕을 두고 "잠자리 타박하듯 자리다툼"을 하는, 즉 위축된 서인 세력을 회복하기 위해 동인계 인사들이 정치적으로 피해를 입은 결말을 두고 "핏물이 흥건히 고여 발등을 다 적신다"고 말한다. 발아래 떨어지는 처연한 단풍이 마치 기축옥사로 화를 당한 선비들의 핏물처럼 느껴진다는 시인의 상상력은 지나친 비약일까. 그래서 시인은 연못에 투영된 부용당을 두고 "제 몸의 뜨거움에/그냥,/첨벙 뛰어"(「부용당 연지에 빠지다」)들고 싶은 것은 아닐까.

 식영정과 부용당을 나와 '취가정'으로 향하는 길, 야

트막한 동산에 소나무와 팽나무에 의지하여 세워진 소박한 누정 취가정에서 임진왜란 때 의병 총지휘관이었던 충장공 김덕령 장군의 충정과 의리를 만난다. 입만 번지르르한 의와 애국이 넘쳐나는 불의한 세상에서 "발아래 붉은 홍송/소리 내 우는 것은" "취할 때/부르는 노래/바람 탓만 아니리"라면서, 억울하게 죽임을 당한 충장공을 생각하며 「취가정 오르는 길」은 "산 발치/텅 빈 자리에/ 옥수수단"만 뒹구는, 의로움을 멀리하는 이 현실이 뼛속까지 외롭고 서글퍼 술에 취해 노래라도 부르고 싶었을 것이다. "깊은 한을 들춰내서 무엇하랴"는 말처럼, "귀양살이 풀려나도 그냥 그곳 눌러앉"(「몽한각에 눌러앉다」)은 몽한각 주인 이서李緖(양녕대군 증손)가 되어 그 마음을 헤아려본다. 은일자적한 삶을 보내면서 부귀와 영화보다 더 귀중한 것은 바로 사람다운 삶이 아닌가 하면서 자신 처지를 합리화하려고 했던 마음을 헤아리면서 담양의 진산인 추월산秋月山으로 떠난다. 가을 보름달이 산에 닿을 것 같은 산, 부처님이 누운 형상을 한 와불을 생각하면서 고된 산행 끝에 보리암 정상에 오른다.

담양 쪽 벌판은 풍요롭게 보이고, 담양호가 내려다보이고, 강천산과 산성산 등이 손을 뻗으면 닿을 것만 같고, 남쪽은 무등산이 서쪽으로는 병풍산이 지척에 닿을 듯하다. 시인은 "하늘 땅 맞닿은 산 정상에 누"워 무엇을 생각했을까. "간절함이 깊으면 소원은 이루어지"고 "가슴 깊이 닫혀진 어둠의 문을 여는" 날 와불은 "일어나 눈"을 뜰 것이며, 그래서 "새 세상 열리는 날에 빛을 안고"(「추월산 와불」) 새 세상은 열릴 것이라고 말한다. 그런 의미에서 역사의 자취가 고스란히 남은 추월산은 민족의 애환은 물론 산 아래 모든 것과 산 속의 모든 것을 하나로 품어 주는 명산으로 와불의 도량을 가진다.

> 자연은 돌고 도는 순환의 고리다
> 한 생을 살다 가면 흙으로 분해 되어
> 새로운 생명의 밑거름으로 다시 사는 것이다
> —「서시」

자연은 우리 삶의 터전이 되어 주고, 먹을 것과 입을 것, 편리한 생활을 가능하게 해주는 자원들을 제공하기에 인간은 자연 속에서 혜택을 받으며 살아간다. "자연은 돌고 도는 순환의 고리"이기에 썩어 부식토가 되는 육체가 "새로운 생명의 밑거름"이 되어 자연을 이롭게 한다면, 그것은 버섯일 것이라며 자연의 순환 과정을 설명한다. 특히 이 시조집에는 식용버섯, 약용버섯, 독버섯에 속하는 15편의 버섯을 소개하고 있는데, 버섯의 모양이나 색깔, 맛과 냄새, 장소와 크기 등의 특성을 시조 속에 담아내고 있다. 그럼, 먼저 식용버섯 중 으뜸인 송이버섯을 만나보자.

송이는 가을 소나무 낙엽이 쌓인 곳에서 자라는 독특한 향기와 맛이 좋은 대표적인 식용버섯이다. 그럼에도 시인은 송이 모양이 남성 성기를 닮았다는 것을 소재로 가져와 독자와 소통하고자 한다. "송이는 열매도 꽃도 아닌 것이 깊은 산중 안개 속에 솔잎으로 몸을 가려 드러내지 않고도 그 향은 수십 리 밖에 떨"치고, "먹으면 그 향이 살갗으로 스며 나오고, 그 살결은 선녀의 사타구니처럼 희어 먹으면 청렴결백 마음까지 희어진다"는 속요처럼, 시인은 "가랑비가 오락가락" 내리는 날, "속없이 발기한" 소나무가 심술부리며 떨군 게 "공알"이며, "어릴 적 아비 닮아 작은 갓을 썼"(「송이버섯」)다는 의미는, 지금은 기둥이 부실하지만 시간이 흐르면서 그 기둥은 더 튼실해져 맛과 향기가 정점에 이를 것이라고 말한다. 그리고 송이와 비교해서 뒤지지 않는 "철퍼덕, 실한 황소 내지른 거시기같이" 볼품없고 나팔꽃과 같이 퍼진 깔때기 모양의 능이는 하잘것없는 "도토리 졸참나무"가 키워냈지만, "그 향내 능청스럽게 쏟아 놓고"(「능이버섯」) 사람을 유혹하고 있으며, "아름다운 꽃일수록 가시를 품고 있"고 "색깔이 고운 것들은 독을 품고 있"는 「싸리버섯」은 몸에 좋고 담백한 맛이 나지만, 야생 버섯은 독을 가지고 있으니 그 독을 우려내기 위해서는 데쳐서 찬물에 하루 정도 헹구고 물에 우려내서 독성을 빼고 먹어야 한다는 식용법까지 안내한다. 또 우리나라에서 가장 많이 생산되고 많이 먹는 대중적인 느타리버섯은 "층을 이룬 주상절리"처럼 생겼으며, "촌닭의 다리처럼 씹"을수록 쫄깃해지고 "흰 밥에" 고명처럼 "올려 먹으"(「느타리버섯」)면 최고의 맛이 나는 버섯이라고 말한다. 그리고 골짜기에 낙엽이 쌓인 침엽수와 활엽수가 혼재한 지역에 "까치버섯"이 사라지고 "석이버섯"이 한창인 칠팔월의 긴 장마가 끝나면 "온갖 풀과 나무들이 습을 품다 토해" 낼 때 나타나는 식용버섯, 민자주방망이버섯은 가지색이 나 가지버섯으로 불리기도 한다.

> 너를 보면 발목 가는 말발굽 소리 들린다
> 아득한 몽골 초원 숨차게 달려 온
> U자형
> 무쇠 편자가
> 찍어 놓은 나이테
>
> ―「말굽버섯」 전문

시인은 약용버섯 말굽버섯을 보면 "발목 가는 말발굽 소리 들린다"라고 말한다. 그것도 "아득한 몽골 초원"을 "숨차게 달려 온" 몽골의 야생마를 떠올리게 된다. 말의 발굽을 닮은 독특한 모양의 이 식용버섯은 다른 작품들과는 다르게 시인의 상상력이 돋보이는 역작이다. 여름에는 덥고 겨울에는 추운 최악의 환경에 적응하기 위해 다른 말보다 투박하게 생긴 야생마를 타고, 몽골의 푸른 초원을 누비고 고비사막을 넘어 동서양을 아우르는 세계 대제국을 건설했던 몽골제국의 역사적 사실을 "U자형/무쇠 편자가/찍어 놓은 나이테"로 은유하면서 말굽버섯을 잘 표현하고 있다.

이 말굽버섯과 같은 약용버섯 중 하나로 뛰어난 효능을 가진 상황버섯은 "얼핏 보면 돌기"가 도는 "혓바닥 같은 모습"으로 "갓 밑은 융단 같은 황금빛 덩어리"로 되어 있는데 "담황색 저 맑은 진액 암의 발을 묶는다"(「상황버섯」)는 시인의 표현처럼, 뽕나무에서 자라는 상황버섯은 항암 효과가 큰 것으로 알려져 있다. 또 "불로초과에 속하는 영물"은 십장생의 하나로 자리 잡을 만큼 오랜 옛날부터 영약으로 귀한 대접을 받아 왔으며 "단단한 껍질에 옻칠 업듯 광택이" 나고 "콩팥 모양 고리홈"을 가진 「영지버섯」은 생명을 양생하는 영약이며, 불로장생의 비약으로 꼽히는 동충하초冬蟲夏草는 "풍뎅이, 말벌, 매미, 노린재, 메뚜기 등" "곤충 몸에 기생하"며 자라나는데, 이 버섯은 "벌레면서 벌레 아닌/식물이면서 식물 아닌"(「동충하초」) 이유에 대해 겨울에는 벌레이던 것이 여름에는 버섯으로 변한다는 뜻에서 동충하초란 이름이 붙여졌다. 또 항암제로 많이 사용되는 운지버섯은 "구름같이 뭉쳤다고 붙여진 이름"으로 '구름버섯'이라고 부르는데, "가죽질 단단한 반달 레이스"처럼 그 모양이 아름답고, 활엽수의 썩은 나무에 착생하는데 "모란꽃 이파리처럼 포개 놓은" 모양이며, "평평한 갓"의 아래쪽은 "산까치 흰 배"처럼 하얗다고 설명한다. 그런가 하면 "부케 같고 불두화" 같은 "서늘한 바위 아래 옹기종기 모여 앉아"서 "키득키득 웃고 있는" 꽃으로 치장한 "물오른 처녀"들이 관을 쓴 그 모양이 "모란보다 더 눈부신" 「꽃버섯」을 만나고, "원색의 진한 색을 한껏 풀어 유혹하"는 「달걀버섯」을 만난다.

   그리고 맹독성 독버섯으로, 외관은 새하얗고 아름답게 생겼지만, 소량만 섭취해도 사망에 이르게 하는 맹독을 지니고 있어 '죽음의 천사Destroying Angel'라고 불리는 「독우산광대버섯」을 두고 "바다 위 띄워 놓은 제주 성산 일출봉을 간밤에 눈을 만나서 백자 접시로 빚었구나/죽음의 천사로 불린 독우산의 도공"이라면서 독버섯을 아름다운 백자를 빚어내는 도공에 은유한 시인의 서술이 놀랍다. 또 맹독성 버섯 중 가장 독성이 강한 버섯 중 하나인 알광대버섯은, 반쪽으로도 성인 한 명을 죽일 수 있는 독을 가진 버섯이다. 이 버섯 모양은 갓 밑에 "막질 형 턱받이를 걸어두고" "까다 만 달걀"의 흰색으로 "순백의 흰 살점"에 "독을 품"고 있다. 또 노랑꼭지외대버섯은, 노란 삿갓 위에 연필심 같은 꼭지가 톡 튀어나왔으며 가장자리에 줄무늬가 있는데, 이 주름살은 백색에서 살구색으로 변한다. 시인은 이 버섯을 두고 "세로로 찢어진 기름먹인 우산 같"고, 그 우산을 "펼 때마다 흰 주름이 살색으로 변하는" 독버섯이라고 표현한다. 이처럼 시인은 버섯에 대한 세밀한 관찰과 앎을 시조에 담아내는 어려운 작업을 이 시조집에서 보여주고 있다.

*

 이한성 시인에게 담양은 역사·문화 기행은 자유롭고 가벼운 행위로 '삶의 치유를 위한 부드러운 공간'과 같은 것이다. 느리게 걷는 일을 통해 자기 삶과 정신을 가로지르는 본연의 자연스럽고 쾌활한 시상을 재확인하는 일이고 에너지를 재충전하는 일이다. 담양 기행에서 발견한 낯설고 생소한 순간과 마음을 뒤흔들었던 담양 곳곳에 살아있는 역사가 기록되어 있다. 그러나 시인의 눈에 비친 그 안의 풍경들은 조금씩 다르고 특별하다. 그래서 담양의 풍경과 인연들을 정겹고 애틋하게 생각하면서 자신과 타인들의 삶을 넉넉하게 긍정하는 일이다. 이러한 넉넉함과 느릿느릿함의 미덕을 통해 평화로운 마음, 분별하지 않는 마음으로 세상의 온갖 존재를 긍정하는 겸허함이며, 그 겸허함은 자신과 세상의 모든 사물을 명징하게 들여다보는 계기로

이어진다. 이처럼 자신의 생활공간에서 빚어지는 하루하루의 세속적인 삶에 충실하면서, 바로 거기에서부터 조금씩 정돈하고 조금씩 앞으로 나아가겠다는 소박한 의지의 표현이다.

  계속해서 자신에게 질문하고 상상하는 일의 마음을 증명하기 위해 시조 속에 색칠된 시어들이 편편마다에 담겨 담양의 온기에 마음 색깔이 묻어날 것 같고, 조용히 읽으면 가슴에 파문이 일 것 같고, 눈을 감으면 눈앞에 그려지는 것 같다. 그런 점에서 시인의 담양 여행은 새로운 경험과 새로운 인연을 맺는 여정이요, 새롭고 낯선 '나'를 만나는 과정이었다. 새로움에 대한 호기심과 충동이, 시인이 고대하고 그리워하는 세상이 존재하는 믿음이 시인의 등을 떠민 것은 아닐까. 그래서 시인을 발길 닿는 대로 걷게 하고, 그 흔적이 담양 곳곳에 발자국처럼 남아 있다. 그가 다년간 곳곳에 시인의 발자국이 겹겹이 쌓여 있는 것처럼, 이번 담양 기행편에도 독자와 소통하는 이야기가 마주치는 지점이 가득하길 기대해 본다.